SCHWUNG ÜBUNGEN

Vorschule

W0298065

Von Birgit Fuchs
Illustriert von Sonia Dilg

Tessloff Verlag

Das ist Flip, der kleine Delfin. Flip liebt die Wellen im Meer.
Male ganz viele Wellen um Flip herum.

Die kleinen Delfine besuchen die großen Delfine. Zeige ihnen den Wasserwellenweg.

Oh – ein Feuerwerk! Viele Raketen starten in den Himmel.
Spure ihren Weg farbig nach. Ziehe Striche von unten ↑ nach oben.

Male die Feuerwerksrakete kunterbunt an. Verwende dicke Farbstifte!
Ziehe Striche von oben ↓ nach unten.

Am Eichhörnchen-Schwanz fehlt das buschige Fell. Male Hops einen buschigen Schwanz. Drehe das Heft, um die untere Seite zu malen.

Hops, das Eichhörnchen, ist ein toller Springer. Es hüpft weite Strecken von Baum zu Baum. Zeichne seinen Weg mit vielen Farben nach.

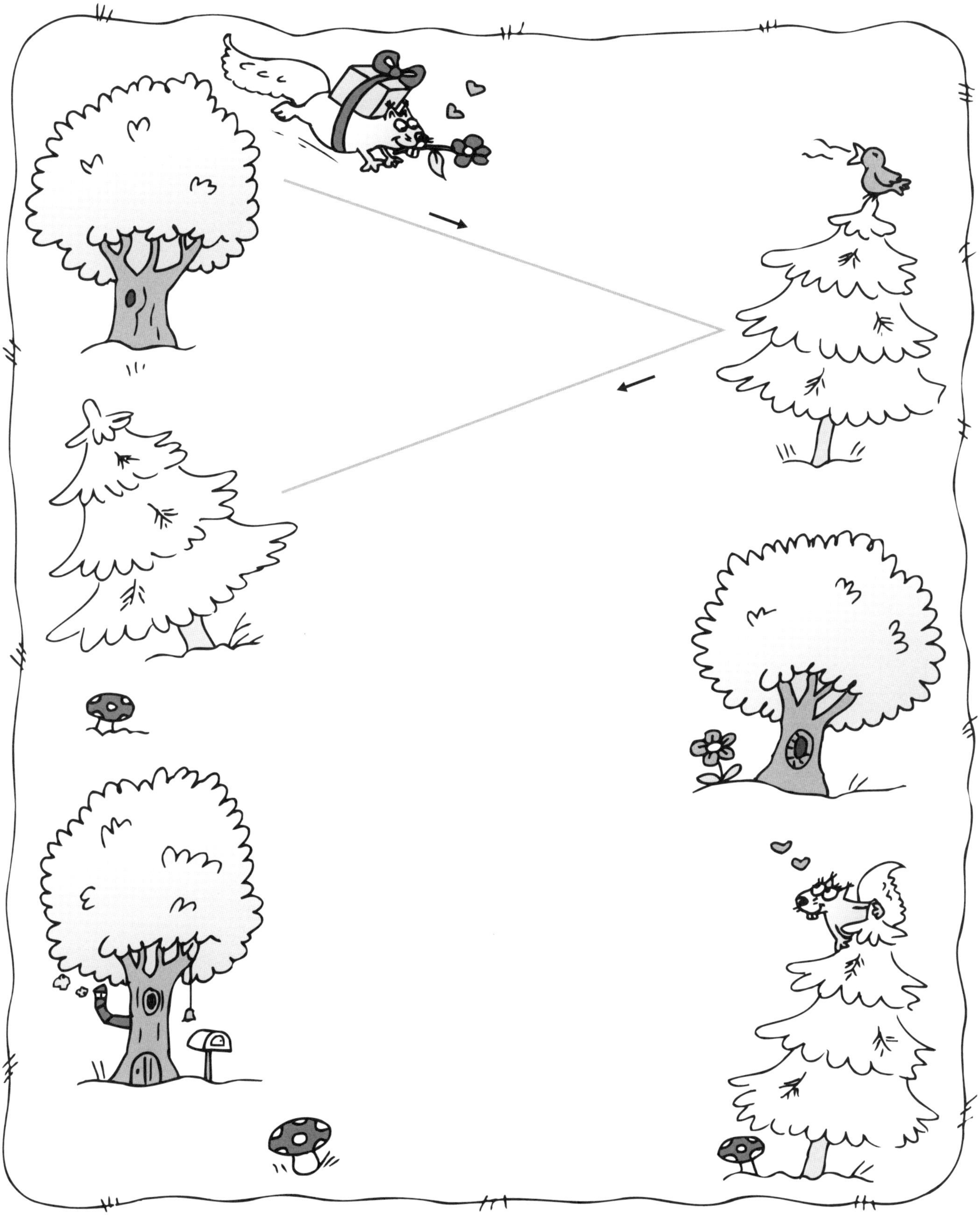

Teddy sammelt Tennisbälle. Male jeden Ball so an, dass ein Tennisball daraus wird.

Teddy und seine Freunde spielen Tennis. Lass die Bälle hin- und herspringen.

Lara bastelt sich einen Zipfelrock für den Fasching.
Sie möchte als Hexe gehen. Male ihr einen gruseligen Rock.

An Laras Hexenhaus fehlen noch Lebkuchen in verschiedenen Formen. Zeichne viele Lebkuchen an das Häuschen.

Moritz beobachtet Rennautos von oben. Einigen Autos fehlen Reifen. Zeichne sie dazu.

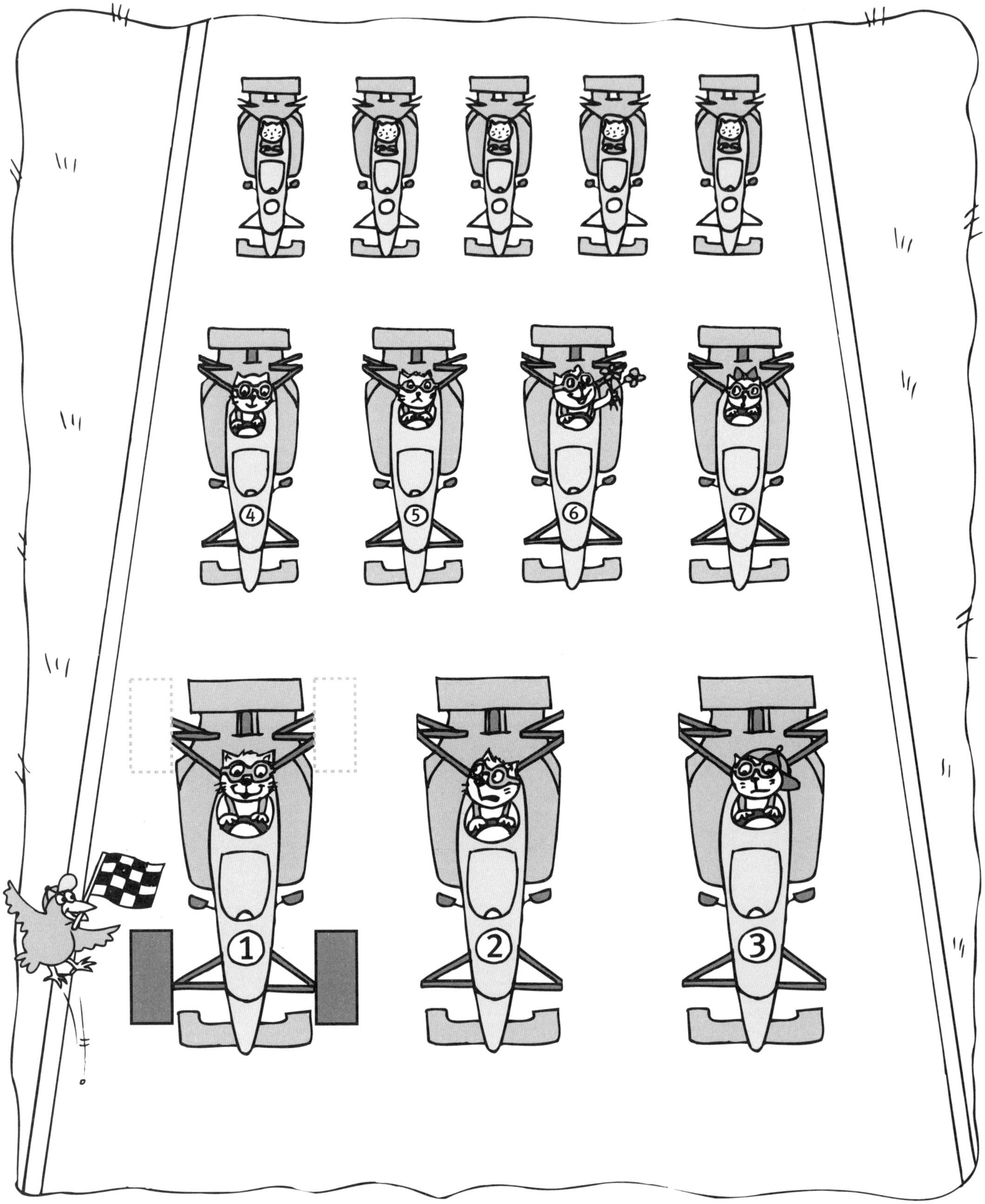

Das Rennauto fährt den Pfeilen nach. Spure den Weg mit vielen Buntstiften nach.

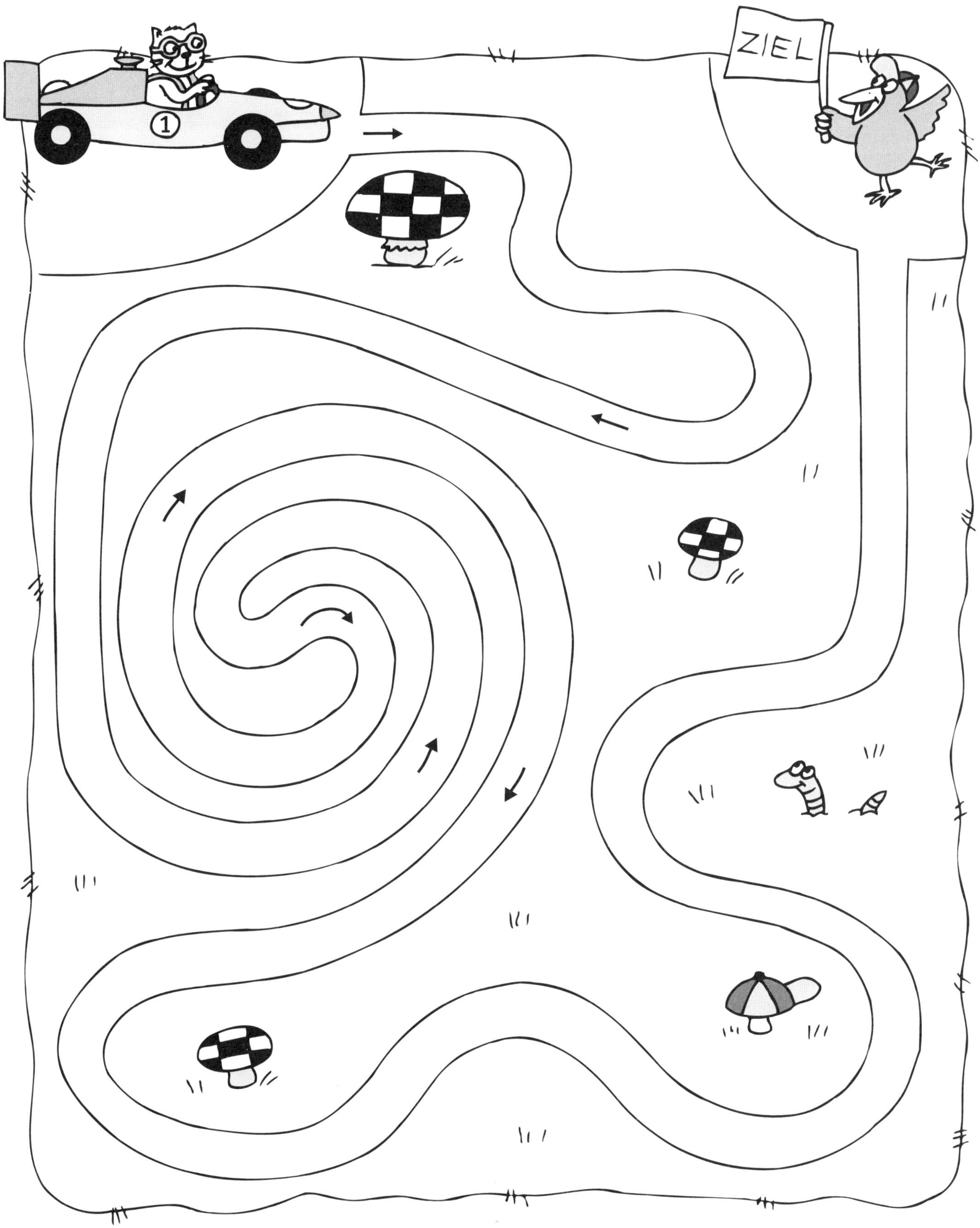

Das Krokodil muss zum Zahnarzt. Zeichne ihm lauter spitze Zähne in sein Maul.

Krokos Freunde, die kleinen Drachen, haben einen feurigen Atem. Zeichne ihnen viele große und kleine züngelnde Flammen an die Nasen.

Familie Biber betrachtet die lustigen Wolken am Himmel.
Male noch viele weitere Wolken dazu.

Was ist denn das für eine komische Wolke? Verziere auch die anderen Wolken mit Linien.

Die kleinen Meerschweinchen essen besonders gern knackige Möhren. Malst du ihnen viele leckere Möhren? Male große und kleine, dicke und dünne.

Das Meerschweinchen läuft in seinem Laufrad. Das Rad dreht sich schnell! Spure seine Drehungen nach.

Vater Bär entdeckt einen riesigen Wasserfall. Zeichne, wie das Wasser herabfällt. Nimm alle Farbstifte, die du hast.

Plötzlich beginnt es zu regnen. Viele Regentropfen fallen auf die Erde. Spure sie nach. Male noch weitere Tropfen in verschiedenen Größen dazu.

Das Pony hat Hunger. Male ihm viele Äpfel auf den Boden, damit es satt wird.

Aus einigen Äpfeln hat Omi Apfelkuchen gebacken. Teile die Kuchen in Stücke ein.

Oma Dachs verkauft Melonen auf dem Markt. Melonen haben viele Kerne. Zeichne die Kerne ein.

Oma fädelt die Melonenkerne auf eine lange Spiralkette.
Hilf ihr und zeichne die Spirale mit vielen Farben ein.

Der kleine Spatz und seine Freunde decken das Dach des Vogelhäuschens. Hilf ihnen dabei und zeichne die Dachpfannen ein.

Am Boden liegen viele Federn. Kannst du die Federn so zeichnen wie die Erste?

Im Schlossgarten gibt es viele Springbrunnen. Zeige, wie das Wasser herausspringt.

Dieser Springbrunnen hat ganz besonders schöne Wasserformen. Spure sie mit allen Farben nach und denke dir noch mehr Formen aus.

Lege deine Hand auf das Papier und spure sie mit deiner Schreibhand nach. Anschließend machst du es umgekehrt. Ziehe die Linien mit vielen Farben nach.

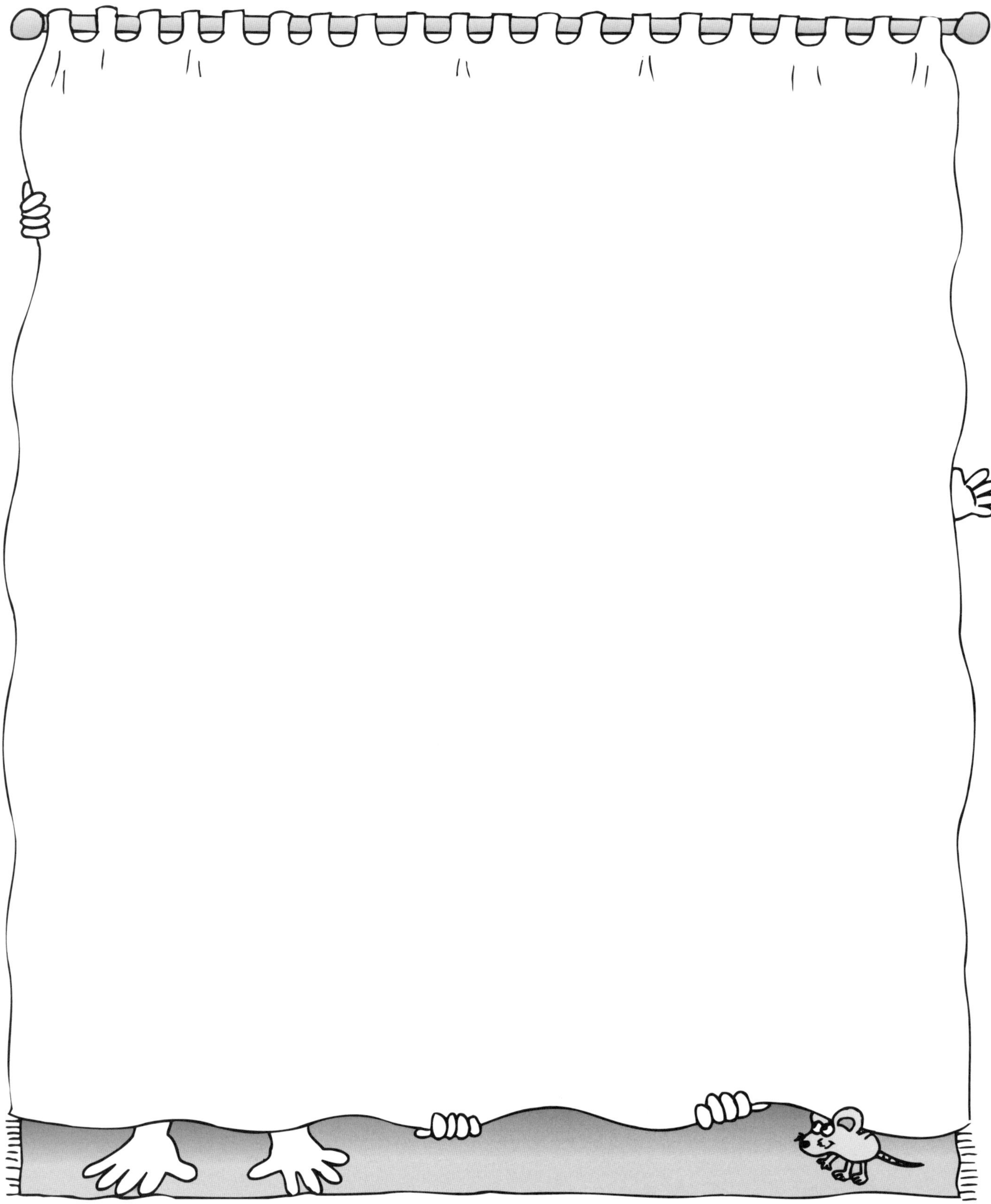

Hier siehst du die Innenfläche einer riesigen Hand. Zeichne viele Handlinien ein. Schau dir zuerst die Innenfläche deiner eigenen Hand an.

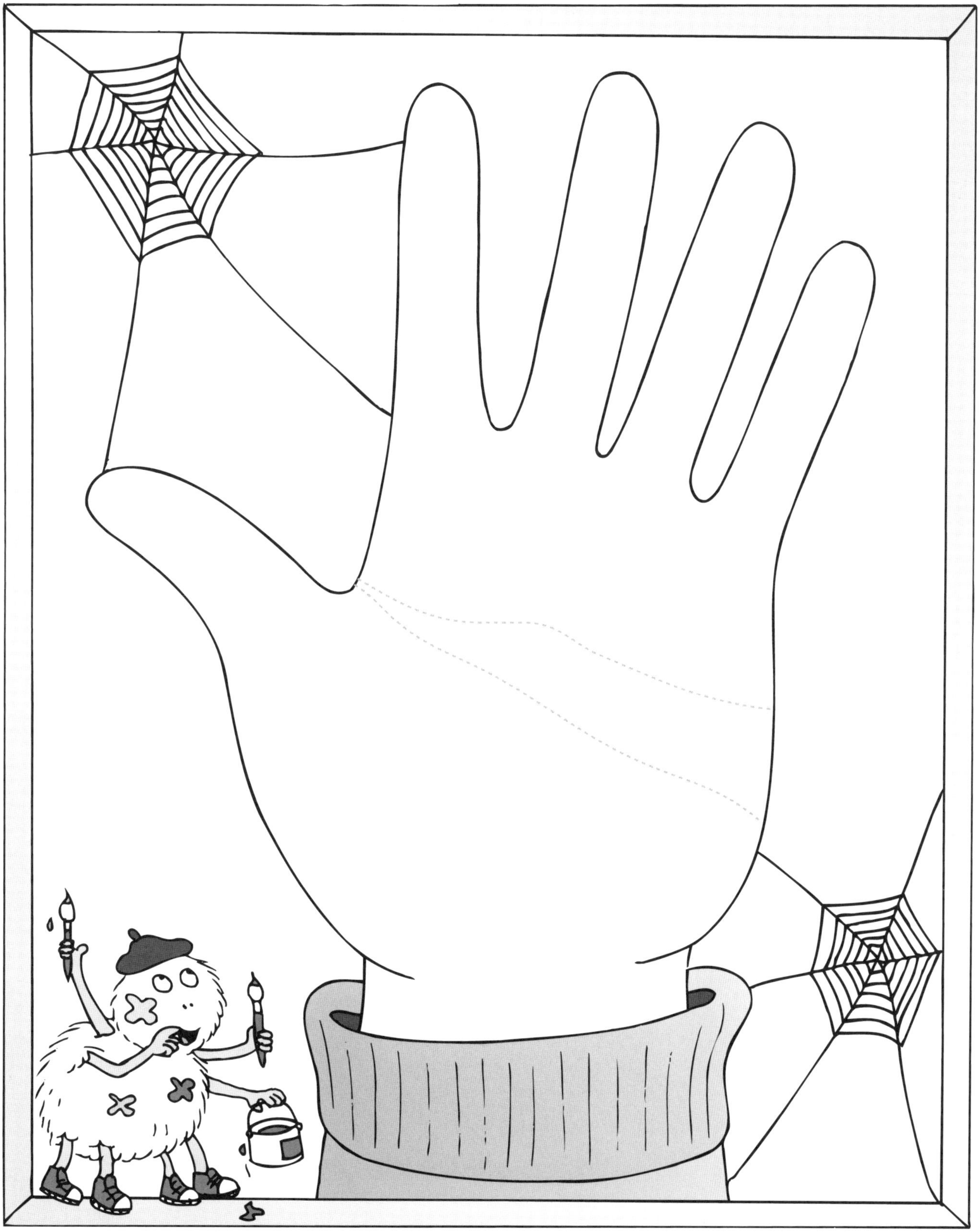

Hurra, es schneit! Lass viele Schneeflocken auf die Erde fallen.

Baue viele lustige Schneemänner und verziere sie, wie du möchtest.

Schwinge die Froschaugen fertig, so, wie du es in der ersten Zeile siehst. Male die Frösche farbig aus.

Foxi Frosch hüpft von Blatt zu Blatt. Schwinge die Hüpfspuren nach.

Über dem Märchenwald zieht ein Gewitter auf. Male viele zackige Blitze in gelb, orange und rot an den Himmel.

Die kleine Hexe hat die Blitze verzaubert. Male runde Blitzformen in allen Farben.

Nach dem Gewitter kommt wieder die Sonne zum Vorschein.
Male eine große Sonne mit vielen Strahlen.

Am Abendhimmel leuchten viele helle Sterne. Male ihre Zacken nach.
Wenn du möchtest, male noch ein paar Sterne dazu.

In Bauer Schulzes Feldern haben sich einige Mäuschen eingenistet. Male die richtigen Pflanzen auf die Felder.

Auch die Vögel haben es auf Bauer Schulzes Getreide abgesehen.
Male viele Vögel an den Himmel.

Dieser lustige Matrose hat eine Schleifenkette an sein Segelboot gebunden. Zeichne viele bunte Schleifchen dazu.

Auf dem See fahren viele Segelboote. Male dreieckige Segel dazu.

Anna entdeckt auf der Wiese Kleeblätter mit drei oder vier Blättern. Male die richtige Anzahl Blätter an die Stängel.

Das sind die beiden größten Kleeblätter. Schwinge sie mit vielen Farben nach.

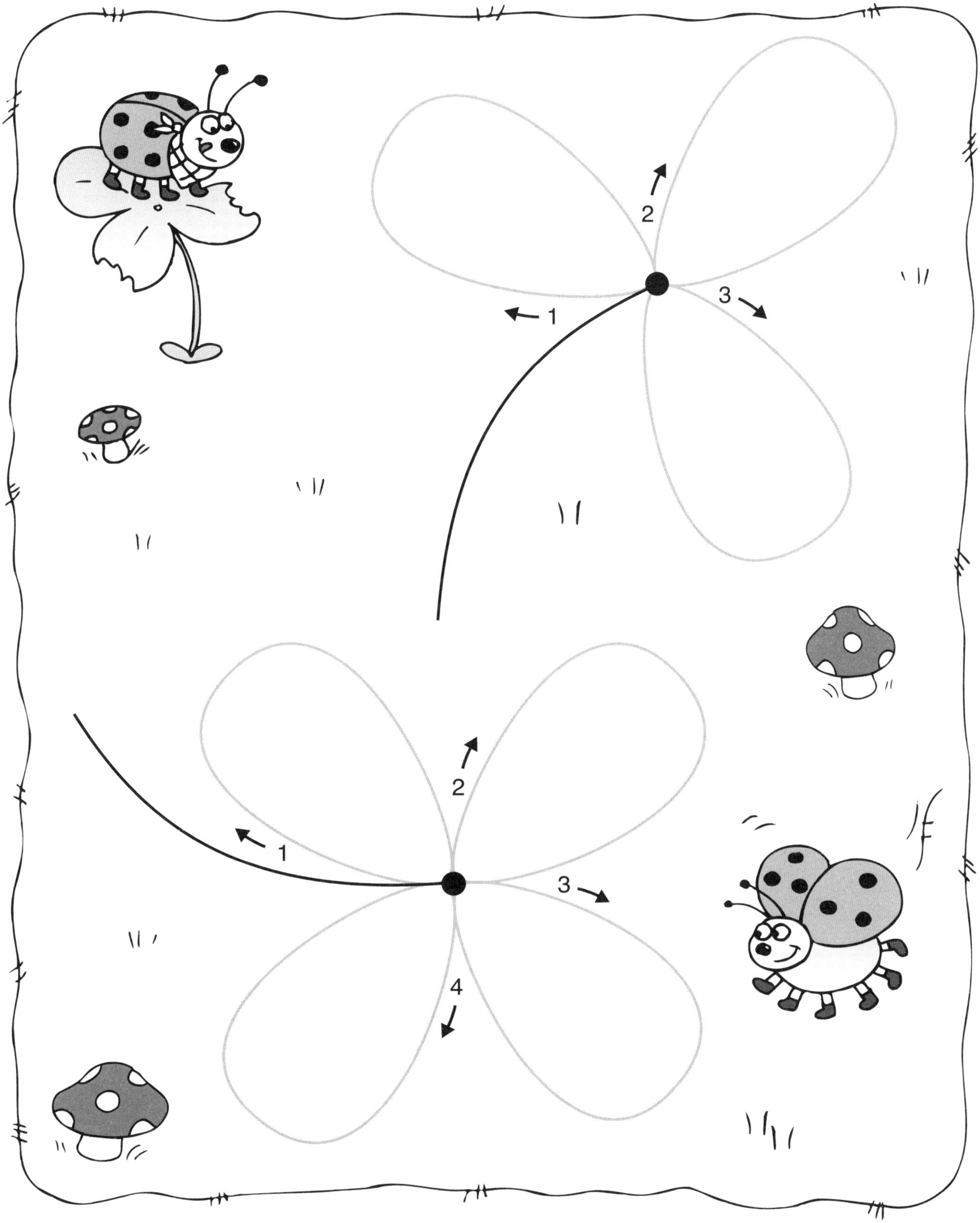

Das sind Pits Lieblingsfische. Male ihnen tolle Muster.

Pit pflanzt hohe Gräser rund um seinen Fischteich. Hilf ihm dabei und male die Gräser dann grün an.

Ups! Den Zebras fehlen die Streifen. Zeichne ihnen welche.